JN439340

바람아 구름아

知
新

바람아 구름아

이희경 시집

現代詩文學

바람아 구름아

초판 1쇄 / 2009년 12월 1일
지은이 / 이희경
발행인 / 이경은
주 간 / 양태철
편집인 / 황정산
편집 디자인 / 양종현
펴낸 곳 / 현대시문학사

주소 / 경기도 광주시 실촌읍 신촌리
동원대학 효암관 414호
02-722-6115(Fax 겸용)
책 주문 및 제작 016-851-0623
E-mail / hihd@paran.com
홈페이지: www.koreanpoetry.com
등록 / 1999.6.11 제13-619호

ISBN 9788990520937

책을 엮으며

속설에 무식해서
용감했다는 말이 있다
설익은 사상과
부족한 지식이
붓을 들기에 조심스럽다
열심히 노력해서
잊혀 가는 지난 날들의
기억들을 반추하면서
부끄럼 없이 자주 용감해지려
옷깃을 다 잡는다
격려해주시고 도움주신 분들께
감사한다

기축년 초겨울에,

이 희 경

바람아 구름아

1부

병실 24시

2부

나그네

3부
추억

4부
포장마차

세계를 향해 발돋움하는
서로 아끼고
사랑하고
신뢰하며

1부
병실24시

정확히 말해서 새벽 5시 정각
병실 문이 열리며.

병실 24시

정확히 말해서 새벽 5시 정각
병실 문이 열리며
대변 보셨나요?
가스 나왔나요? 로
병실의 아침이 열린다
노란 금테안경 수정처럼 맑은
유리알이 형광등 불빛 아래
유난히 반짝인다
천사처럼 하얀 가운을 입고
분주히 드나드는 그들 그러나
그렇게 활기 차 보이진 않는다
야근을 한 탓이리라
평소 주위 신경 안 쓰고 방귀 뀌는 사람치고
덜 떨어졌거나 푼수라고 생각했던 내가
오직 이곳에서는 방귀 뀌는 사람이
부러울 수밖에 없으니 참으로
기이한 일이다
나도 아직 방귀를 마음껏 뀌는
행운을 누리지 못한 채
간호사의 진통제 은총을 간절히
소망하는 졸장부가 되어가고 있다

신의 가혹한 심판이 내릴 거라는
생각도 못한 채 나는 며느리의 부축을
받으며 종합 진찰을 받으러 갔었다
그리고 얼마 후 온몸이 찢겨져
만신창이가 되어 수술대 위에
팽개쳐졌다
은빛 가위가 뱃속으로 서걱서걱
소리를 내며 들어올 때 나는 의식을
잃었고 병실 침상에서 가족들이
애타는 눈빛으로 내려다 보며
눈물을 글썽이며 있었다는 사실을
나중에야 알았다
의식이 돌아 왔을 때 비로소 내 병명이
위암이라는 것도 알았다
혹독한 시련과 가혹한 저주 속에서
육십이 훨씬 넘은 몸으로
아무것도 해놓은 게 없는데
위암이라니
청천 벽력같은 선고였다
어쩌다가 이지경이 돼서 저 착하디
착한 가족들에게 짐이 되다니

나는 여태껏 이기적이고 위선적이라
어디 하나 점수를 줄만한 곳이 없다
거기다가 술마저 주체를 못하는
망나니였으니 참으로 부끄럽기만 한
세월을 살았다
수술대 위에 뉘어진 나를
눈물 고인 커다란 눈으로 내려다보는
순간 그래도 아내와 아이들과 며느리들이
나를 걱정하고 사랑하는구나
아 – 이것이 사랑이고 가족이구나
그래 이제 나도 빨리 회복해서
이 가정에 도움이 되는 일조를 하자
새로운 각오로 술과 담배를 끊고
눈에 넣어도 아프지 않을 내 손자들!
아침 햇살처럼 맑고 화사한
너희들에게 희망이 되게 열심히
살아보자고 각오를 하고
숱한 세월 힘들어하는 아내를 외면하면서
몇 배로 살아온 날들을
보상해 주리라 생각했다
사람들은 모른다 늘 같은 일상이

되풀이 되는 속에서는
가족의 소중함을 모르고 살아가다가
어려운 일이 닥쳐봐야 그때서야
잘못 살아온 날들을 뉘우치고 반성하는 게
사람이다
위암이라는 선고를 받고
수술을 하고 칠십이 가까운 나이에
철이든 나였기에 이제라도
내 작은 둥지를 수리해서 단정하게
주며 아내와 가족들에게 받은
사랑을 돌려줘야 겠다는 생각을 할 때
옆에서 곤하게 잠든
아내의 숨소리 위로 새로운 내 작은
각오들이 별빛처럼 반짝였다
짐이 되었던 지난날을 뉘우치고
열심히 살아서 그 빚을 갚고 가야겠다는
생각으로 옷깃을 여미며
조용히 기도한다.

선방

금호강 삼백 리 감돌아 구비 돌아…….
내가 어릴 때 다니던 중학교
교가의 한 소절이다

보현산 운주산 높고 낮은 봉우리를
감아 돌아 굽이굽이 자호천을 이루고
여기 평화롭고 한가로운 촌락의
한 자락에 신선이 논다는 선방이
하나있다.
눈이 시리도록 맑은 시냇물이
선방을 감아 안고 유유히 돌아간다
그 강가 다리목에 재미있는 초당 하나가
자리하고 있다
요즘에는 장수를 하니까
칠순의 노인네도 초로라고할지 모르지만
고희의 할배들이 오후해질 무렵이면
하나 둘 씩 모여 어느새 초당이
만당이 되고 세계의 뉴스들이
쏟아지고 입심 좋은 노인네들의
만담에 웃음바다가 된다
여기에 초당이 생긴 것 자체가

참 재미있다.
자식들 다 키워서 공부시켜 박사로
검사로 시집장가 다 보내고
줄줄이 도회로 내 보내고
늙은 부부만 남아 빈 둥지를 지키며
그래도 젊은 날의 박제된 추억을
되새기며 안타까운 시간을 보내다가
일요일이면 어슬렁어슬렁
거리로 나온 늙은 할배들이
행여 객지 나간 자식들이 오려나
기다리며 자식들이 오가며 차에
오르내리던 다릿목으로
하나둘씩 모이게 되었다
더울 땐 손부채로 추울 땐 모닥불을
피우면서 마음은 아이들이 오지 않을까
무언의 안타까운 기다림은
계속된다
기다리던 자식들은 오지 않고 모인 노인들은
누가 먼저라 할 것 없이 각목을 가져오고
합판을 가져오고 이것들을
톱질하고 못질해서 만든 집이

이 초당인 것이다
만들어 놓고 스스로 탄복하고
놀라워했다
목이 마르면 인심 좋은 당번 할매
배려로 천 원짜리 한 닙주면
소주 한 병에 멸치 몇 마리 덤으로 주기로 한다
이따금씩 소재지에 있는 다방 애기들이
지나치다가 남은 커피 있으면
한 잔 씩 베풀며 생글거리기도 한다
봄이 오면 앞산 아작골에
진달래 산살구꽃이 만발하고
오색창연한 산자락으로
수정 같은 영천댐 물이 굽이도는데
삼삼오오 짝을 지은 철새들이
장관을 이루고
산토끼 청솔모들이 저희끼리 놀라
작은 숲을 깨운다
여기 한 사람 명물이 집을 지키고 있다
올해 93세가 되시는 노모님을 모시고
살면서 효성이 지극하여 유림에서

행하는 효부 상을 그의 아내가
받기도 했다
칠십 충노에 이마가 탁 트이고
넓은 가슴에 어쩌다 소주 한 잔
하게 되면 천하가 내 것이요
오월이다 형제다
젊은 한 때는 트롯이나 블루스
가락에 인생을 싣고
청춘아 내 청춘아
소리도 질렀지만 이제 그도 늙어
청춘을 돌려 달라고 목이 터져라
외쳐보지만 한 번 지나간 청춘은
다시 올 리 없고
오늘도 작은 선방엔 할배들이 모여
젊은 날 화려했던 이야기라고
넋두리를 하는데 건너편에 앉아
웃으며 듣고 있던 멋쟁이의
아내 되시는 분이
보소 이 양반아
찬물 마시고 마음 돌리소

안타까워하는 여인의 목소리가
선방에 메아리친다

행복개론

행복이 무엇인가?
당신은 정녕 행복한가?
이런 질문을 받고 선뜻 대답할
사람이 몇이나 되겠는가
누구든 갖고 싶고 소망하는 쉬운 말
같은데
얼른 답하기는 조심스럽다
여기 인심 좋고 살기 좋은 작은 도시에
금슬 좋은 부부가 금지옥엽 귀한
아들 쌍둥이 형제를 키우면서 부러울 것
없이 행복하게 살고 있다
부지런히 노력해서 남에게 피해주지
않고 돈도 모으고 자식공부도 시키고
남들이 부러워하는 처지였다
아이형제도 이제 다 자라서 취직도 하고
자기 앞가림은 해 가는 터다
그러나 두 부부는 걱정이다
짐작컨대 둘 다 이성교제를 하는 것 같은데
저들이 어떻게 하면 행복을 바로
알고 즐겁게 살아갈 수 있을까
오매불망 걱정이다

복에 겨운 근심한다고 남은 흉볼지
모르지만
부모란 그런 게 아니다
그래서 하루는 두 아이에게
사귀고 있는 아가씨들을 데리고
오도록 해서
한 쌍씩에게 하루를 충분이 즐겁게
지낼 수 있는 돈을 주고 행복 찾아
갔다 오라고 했단다
큰놈은 둘이서 태양이 이글거리는
해변으로 …….
화려한 레스토랑에서
불란서 요리를 먹고 수백 년이 된
고급 와인을 마시고
일류 호텔에서 사우나를 즐기며
짧은 하루해를 아쉬워하며 행복에 겨워 돌아왔다
아버지가 물었다
행복했느냐?
예, 행복했습니다.
아주 좋았습니다
돈이 조금 적기는 했지만요

둘째가 돌아왔다
행복 했더냐고 똑같은 질문을 했다
예, 아주 행복 했습니다고 대답하면서
가져간 돈을 그대로 가져와서 돌려준다
아버지가 의아해서 물었다
어떻게 한 푼도 쓰지 않고
행복했네 즐거웠네 하는 거냐고?
둘째가 대답한다
아버님 우리는 돈 한 푼 안 쓰고도
가슴이 흥건하도록 행복에 젖어
돌아왔습니다
우린 그 길로 산새가 지저귀고
계곡물 노래하는 아무도 없는
호젓한 오솔길을 손잡고 거닐면서
남자의 가려운 곳을 찾아
여자가 긁어주고
여자의 가려운 곳을 남자가 찾아
긁어주며 알뜰한 우리들 앞날을
설계하며 가슴깊이 행복을
담아왔습니다 라고 한다
여러분

당신은 어느 행복을 원하느냐고
전자는 현실이다
후자는 이상에 가깝다고 봐야한다
누구든 당연하면 전자를 택할 것이다
자 그럼 이야기를 계속 해보자
시간이 지나 정년이 되서
두 쌍둥이는 군대에 입대했다
입영 열차가 기다리는 역에서
둘은 뜨겁게 포옹하며 잘 다녀
와서 결혼해서 아들 딸 낳고
잘 살아보자고 손가락을 걸며
맹세하고 떠났다
3년이 지나고 국방에 의무를 다하고
아이들이 돌아왔다
둘째 놈은 애인의 팔짱을 끼고
귀향인사를 하는데
큰 놈은 저 혼자 왔다
흰 고무신 바꿔신고 KTX타고
떠났단다
여기서 우리는 뭘 생각하게 되는가
전자에 맏놈은

그가 군대로 떠난 후 여자는 둘이서 누렸던
행복을 다른 곳에서 찾을 수가
있었던 것이다
돈이 더 많은 남자가 얼마든지
있으니까 그놈 따라 떠난 것이고
둘째 놈은 서로가 가려운 곳을
아는 사람이 저희들 둘뿐이니 다른데서
찾을 수 없는 고귀한 사랑이기
때문일 것이다
단편소설의 대가이신
오 헨리의 소설
크리스마스 선물을 생각해보자
비록 금발머리는 없어져도
줄 없는 시계는 없어도
그들 두 사람의 가슴속에는 평생을
금시계 줄과 고운 삼단머리 빗길
천금보석보다 더 소중한 빛이
있을게 아닌가
여러분 ! 사랑합시다
그리고 행복합시다
또한 잘 선택 합시다

미화원

잔뜩 찌푸린 날씨가
끝내 비를 몰고 왔다.
오늘은 시청에서 환경미화원을
공채 하는 날이다.
나는 친척 조카아이가 응시한다기에
격려라도 해볼 참으로 고사장을 향하며
지난 반백 년 전 소년시절
새벽신문을 돌리면서 새벽마다
대구 대봉동 앞 도로에서 만나는
청소부 할아버지 생각에 젖는다
지금은 이승을 떠나시고 안 계실
청소부 할아버지
이른 초겨울 새벽
서리가 하얗게 내린 날
그 흔한 면장갑 하나 제대로 끼지 않고
손을 호호 불어 언 손을 녹이며
수북하게 쌓여있는 플라타너스 잎을
쓸어 모아 리어카에 실으시던 모습이
눈에 밟히어 눈시울이 촉촉해 진다.
그땐 가로수가 모두 플라타너스라서
청소부 할아버지에겐 여간

힘든 게 아니었다
어쩌다 몸져누우시면
할머니가 대신 리어카를 끌고
나오시는 날이면 신문을 돌리다 말고
할머님의 리어카를 밀어 준적도
간혹 있었다
그 아린 추억을 생각하며
국민소득 이만불이 넘는다는 이 나라에
대학을 나온 조카아이의
청소부 시험을 격려하러 가는 현실이
아이러니가 아닐 수 없다
백 미터 달리기 시험을 본다
비가 내리고 있어 미끄러워서
숱하게 넘어져 절망하고
철봉대에 매달려 턱걸이를 하는데
8회 이상은 해야 합격권이라는
소문에
억지로 8회를 채우려고 바동거리는 모습에
아기를 업고 이 광경을 지켜보던
아내는 끝내는 돌아서
눈물을 쏟고 만다

이 현실이 이만불 시대 이 나라
실태라서
굴지 재벌의 비자금이 수 조가 넘고
북에다 소 몰아다주고 비료며 쌀들을
퍼주고 …….
경제순위 10대국의 체면이 말이 아니다
엄마의 어깨너머로 아빠의 응시
모습을 바라본 차세대 우리의 아이는
지금 무슨 생각을 하고 있을까?
혼자 너무 많이 가지려말고
조금은 남을 배려하는 따뜻한
모습들이 저 초롱초롱한 눈빛에
하나 가득 담겼으면…….

우정

세상이 날로 각박해져가고
인심은 포악해져 가는 세상
인터넷에는 야유와 비방의 글이
난무하고 무슨 선거만 있다하면
조상대대 흉허물 뒤져 헐뜯고
할퀴고 하는 것이 오늘의 현실이 아닌가
여기 600년의 우정담이 있어
소개해 보려한다.
때는 고려중엽
광주이씨 이랑 둔촌 두 부자는
나라에서 역모로 몰려 멸문지화를
당하게 되었다
그는 아버님을 모시고 야반도주 하여
밤으로 산을 타고
몇 달이 걸려 여기 영천까지 왔다
영천에는 그의 절친한 친구
천곡 최원도 선생이 살고 있었다
그 친구면 나를 숨겨줘서 난세를 피하게
해주리라 믿고 찾아온 것이다
찾아간 그날 천곡 최원도 집에선 잔치가 벌어지고
있었다 한쪽으로 불러 자초지종을 설명하고

도움을 청했더니
펄펄 뛰면서 배고파하는 부자를
술도 한 잔 대접 없이 내쫓으며
자네만 당하면 됐지
우리 가문까지 멸문을 만들려 하느냐며
일거에 내쳤다
그의 인품을 믿는 이집은 그 근처에
머물러 숨어 있었고 최원도 선생은
그날 밤 그를 찾아 자기방안 장에
모셔놓고 자기 식사를 셋이서 나눠먹으며
가슴조이며 지내는데
몸종(정지아이)이 평소에 밥상을 물려
보면 밥을 반도 안 드시고 남기는데
매 끼니마다 밥그릇이 비어져 나오니
수상히 여겨 문구멍을 뚫어 들여다보니
기막힌 사연이 벌어지고 있었다
그 길로 정지아이는 안방마님에게
고 했고 안방마님은 사랑방에
무슨 연유인지를 묻게 된다
낭패한 최원도는 정지아이를 광에
가두고 아내는 혀를 잘라

입을 막았다
두 사람의 우정에 두 여인이 희생된 것이다
친구를 위해 사랑하는 가족을 희생한 것이다
그런 와중에 이당이 세상을 떠나게 된다
요즘과 달리 옛날에는 사후의 유택을
대단히 큰 일로 치부하던 때였다
묘지를 잘 구해야 자손들의 흥망이 좌우
된다고 믿고 있던 때라 살고 있는 양택보다
사후 유택을 더 중시하던 때라
묘지를 구하기 위해 사신을 토감해놓고
삼남의 지사들을 불러 모아 몇 개월씩을
좋은 묏자리를 구하려고 상심하던
그런 때에 덜컥 초상이 났으니
그 형편에 이집으로선 설상가상이었다.
그래서 최원도 선생은 자기가 가려고
유림해 놓은 유택을 선뜻 친구에게
내준 것이다
바로 그 산소가 영천시 대창면에 있는
삼남에서 제일가는 명당이다
그 후 최원도 선생은 그 근처에 모셔져있고
썩 좋은 명당은 못 된다고 한다

죽은 몸종과 아내는 이당 선생의
좌우에 모셔져 있는데 지금까지 600년
에 걸쳐 이당 자손들이 묘제나 벌초로
극진이 모신다하여
일본의 어느 언론에서
600년의 우정이라고 대서특필한
일이 있단다. 둔촌의 가문은
번창하여 대대손손
대과에 급제하고
영의정이며 정승판서가 줄을 이었고
명재상 한음 이덕형 대감도
광주 이씨 이당의 후손이다
오늘날 친구를 보증 세워놓고
돈 빼 달아나서 친구의 가정은
파산하고 목매 자살하는 소동이
심심찮게 지면을 채우고
친구의 아내를 꼬드겨 달아나서
숨어살고 있는 세상 이런 험악한 사연만
인터넷이나 지면에 올리지 말고
천곡 최원도 선생과
둔촌 이집 선생의 아름다운

우정담을 발췌해서 널리 알려
자녀들의 훈도를 하는데 지표로 삼았으면
하는 마음이 간절하여 우리 사회의
인성 교육이 절실한 요즘
우리 본향에
천곡 최원도 선생 같은 분이
계셨다는 게
큰 자부를 느끼게 한다

起家之本
知新

이녁에게

길고도 질긴 한 평생
내 야윈 등 뒤에서
모진 칼바람 맞으며
얼마나 힘드셨소

서릿발이 희끗한
저 머리카락 마다엔
흘린 눈물은 얼마며
원망인들 오직했겠소.

질곡의 세월 구비마다
아린 상처는 얼마 였더뇨
모래알보다 많은 세월
언제 한 번 다정히 손잡고
위로라도 해 주지 못하고

속 좁고 어리석은 내조
착하고 어질기만 한 이녁
왜 좀 포근히
감싸주지 못했는가

이제 회한의 뒤안길에서
가슴을 치는구려

이제 우리도
햇살 쏟아지는
창가 소파에 앉아
못 다한 얘기 따뜻한 찻잔에 담아
꼭꼭 씹어 오래오래 마십시다
여보, 사랑합니다

새벽

소슬 바람이 구름을 안고
미명의 새벽을 뒹군다

새벽달이 구름사이로
얼굴을 내민다
계곡 작은 옹달샘에 빠졌다

고랭이 목말라 왔다가
새벽달도 구름도
다 마셔 버렸다

풀숲 이슬 밭에
까투리 한 마리가
놀라
새벽하늘을 연다

님

님아
우리 이제
뒤도 좀 돌아보며
쉬엄 살아가세

구름에 달 가듯이 가는 나그네
박목월님의 시가 생각나는구나
우린 진정 무엇을 하러
어디로 가고 있는가
이제 갈 길은 얼마나 남았는가

허기진 배 움켜 안고
목말라하던 그 많은 사연들
긴 꼬리 끌고 풍상에 부대끼며
허덕거리며 산 세월

소중한 걸 잊고 살진 않았는지
그 곱던 님의 모습
주름 속에 다 묻고
꾀꼬리 같던 님의 목소리는 어느 허공으로 부서졌나.
회한의 길목에서

아린 추억 더듬으며
무자년 끝자락을 돌고 있는데
풍진에 저린 세월
찻잔 속에서 나를 희롱하네.

인생

세월이 감아 안고
고희의 모퉁이를 돌고 있구나
켜켜이 쌓인 추억
눈물강 되어 흐르고
가슴에 아련한 느낌 어디에 벗어 놓을 거고

못 다한 사연 담아
구름에 실어 보냈는데
차가운 겨울비가
속가슴을 헤집네

보현산 자락에
물안개 자욱한데
님의 어깨 감싸 안고
길을 나선다

양지바른 곳
철 이른 산딸기가
수줍어 얼굴 붉히는데
숱한 사연 실은 기적이
먼 강자락에서

울고 있구나

강새

휘진 여울가
외로운 강새 한 마리

오늘은 무슨 사연 담아 왔을까
정화수에 새벽 기도하는
어머니의 애잔한 사연일까
아린 상처 추스르며
흐느끼는 어느 여인의 애절함인가

멀리 저녁노을
서러운 눈망울에 담고
야윈 두 다리를 가늘게 떨고 섰구나
오늘 밤은 먼 고향
포근한 엄마의 꿈을 꾸려무나

開門素雪平四山
撫蒼翠君家好梅
樹發興聊有自

달빛산방

주마처럼 내달리다
다시 감은 산자락에
달빛 산방 하나가
대로대롱 매달려 있다

지난밤 집 앞 실개천에
발 담그고 앉아
달님이랑
무슨 밀어가 그리도 많았는고
한낮이 돼서야 사립문 비집게 하네

뭉게구름이 시소에 앉아
산능성이를 오르내리는 계곡엔
산딸기가 수줍어
얼굴을 붉히네.

인생 끝자락에 서서
가는 정 오는 정 세며
포근한 달빛 산방에서
허상일랑은 털어버리고
땡초로라도 살다갔으면

오월의 님

하염없이 비가 내린다
오월의 하늘을 적시며
비가 내린다

오래오래 같이하고 싶고
오래오래 손등에
입맞춤하고 싶던 너
나는 오늘 오월의 비에 실어
너를 보내기로 했다

어깨를 들먹이며
흐느끼는 너의 뒷모습을
보지 않으려고 했는데
오월의 비에 실어
너를 보낸다

장밋빛보다 더 짙은
진홍빛 피를 토하여
마지막 너의 손등에 입맞춤하고
오월의 미소는 모퉁이에 서서
너를 보낸다

세상을 엎어버리고
하늘에 올라 옥황상제의
멱살잡이를 하고 오던 날
너를 보낼 수 없어

오라로 꼭꼭 묶어
내 가슴 한 켠에
고이고이 묻었는데
오늘 오월의 비에 실어
너를 보낸다

이제 훨훨 날아가거라
이 못난 가슴을 깨고
일곱 치 무지개 타고
힘껏 날갯짓을 하거라
아— 오월의 비여
오월의 님이여

무제

많다
너무 많다
여의도 투견 장에도(국회)
중심지 청사에도
파란 대문 집에도
너무 많다

두렵다
너무 두렵다
저울대 맞잡고 힘겨루기 하는 흑곰도
무궁화꽃 가슴에 달고 설치는 사냥개도
잉크 냄새 먹고 살아가는 독신도
너무 두렵다

답답하다
너무 답답하다
유모차에 실려
촛불 들고 우는 젖먹이도
광장에 모여 주먹 치켜들고 악 쓰는 소녀도
도룡 죽는다고 고속철 막아 누워 땅을 치는 아낙도
너무 답답하다

처량하다
너무 처량하다
공원 담벼락에 기대 모가지 비틀고
졸고 있는 할배도
지하철 바닥 신문지 위에
뒹군 소주병도
질척거리는 시장골목 회심곡 소리도
너무 처량하다

나라 운명 짊어지고 목숨을 걸었던
진. 근. 순 님의 혼백이
태백산 꼭대기에 모여
온 내장을 뒤집고 토악질한다.
아니 온 사지를 짜내
시뻘건 피를 토해낸다
아-
이래도 내일 아침
붉은 해는 뜨려나.

2부

나그네

나그네 떠나는 길
몹시도 서러운데

나그네

나그네 떠나는 길
몹시도 서러운데
흐르는 구름마저
젖어 내리네

강물도 애잔하여
흐느끼는데
기적이 옛 추억을 안고
모퉁이를 돌고 있구나

떠나보낸 님 그리워
가슴앓이를 하는데
설익은 상현달이
구름에 끼여 흐느끼는구나

고도 경주를 돌아보고

화려했던
옛 신라의 흔적
박물관에 모셔놓고

천년의 영욕 함께 해 온
남천 한 자락에
세계를 향해 웅지를 품고
또 새 천년의 웅비를 위해
여기 똬리를 틀고 있구나

옛 화랑의 기상은
하늘을 찔렀고
김춘추 김유신은 삼국을 아울렀네.
아사달 아사녀의 애틋한 사랑이
영지에 그림자 짓던 애절함은
이제 어디에서 다시 볼꼬.

마의태자 푸른 넋은
백이숙제 혼령 따라
혹산 설풍에 삼배 옷자락 끌며
금강산 어느 봉에 영혼을 묻었느뇨

덧없는 게 세상사요
부질없는 욕심인데
일장춘몽 꿈 깨지 못해
피 튀며 섧게 우네

놓아라 다 놓고
홀가분하게 떠나거라
옛 서라벌의
도약이나 빌어주면서

세발자전거

서예원 선생님의 4월에 도내에서
실시하는 서예전이 있을 예정이니
우리 도서관 팀에서도 출전 준비해야 하니까
부지런히 연습하라고 당부하시기에
이 나이에 하다가
그래도 한 번 도전해 볼 량으로
용기를 내서 먹과 씨름을 하고 있는데
옆에서 텔레비전을 보고 있던
내자가 이걸 좀 보라며 성화다
그래 뭘 보고 이러나 싶어 흘깃 곁눈질
하는데 난데없이 세발자전거가
화면에 클로즈업되면서
웬 일흔이 훨씬 넘어 보이는 초췌한
노파가 세발자전거의 앞바퀴고
옆에 또 지능장애 아주머니가 쉰은 넘은 듯
한데 왼쪽 바퀴고 그 옆에는
바싹 마르고 초췌한 노인 한 분은
아들인데 오른 쪽 바퀴란다
그래서 그 가족이 세발자전거인
셈이다
일흔이 훨씬 넘은 할머니는 앞이 보이고

판단력이 있으니 앞에서 끄는
앞바퀴고 뒤에 두 사람은 한 사람인 아내는
지능장애자고 쉰을 넘은 남편은
앞을 못 보는 맹인이라
뒷바퀴 역할을 한다는 말이다
너무 기막힌 가족 구성이다
그런데 이 가족에겐 생계를 이어갈
길이 여간 어렵지가 않다
논과 밭은 물론이고 다른 아무런 자산이
없다. 두 장애자 내외가 리어카에
무슨 도구 같은 걸 싣고 한참 거리에 있는
주차장 비슷한 곳에서
칡뿌리를 찧고 울어 내어서
칡즙을 만들어 그곳에 주차해 놓고
등산하시는 등산객에게 팔아서
살아가고 자식 공부도 시킨다며
자랑하고 활짝 웃고 있는 모습이
그렇게 천진할 수가 없다
등산 오신 손님 중에는 단골손님도
숱하게 계신다며 기뻐하는 모습이
감성이 말라비틀어진 내 가슴에도

후끈한 열기가 치솟았다
그렇게 즙을 짜서 만든 차를
한 잔에 천원을 받는데
아주머니가 받아 모아
장님인 남편에게 건네준다
아주머니는 돈 호수를 몰라
눈먼 남편이 받아 세면서
우리 색시는 돈 호수를 몰라 내가 세야한다며
껄껄 웃는 모습을 보며
옆의 장애 아주머니는 무슨 뜻인지도
모르면서 마냥 즐거워만 하고 있다
얼마나 아름다워 보였던지
옆에 있는 아내도 눈시울이 젖어 있었다
요즘처럼 이 험한 세상에
정말 꽃보다 아름답고 한 폭의
수채화를 보고 있는 듯 했다
한 평을 살면서 탐욕하고 질시하고
투기하며 남을 원망만 해오며 살아온
오늘의 내가 한없이 부끄러웠다
저것이 참 삶이구나

저것이 사랑이구나
내가 붓글씨네 수필이나 시를 씁네
하고 허상을 떨고 있을 게 아니라
저런 참 인간의 모습을 닮게 살아가야
할 게 아닌가 생각하니 가슴이 저려왔다
지금 우리 살고 있는 세상을 한 번 돌아보자
국정을 책임진 국회는
전기톱과 쇠망치가 난무하고
국민의 공복인 공무원이 불쌍한 사람들의
복지 금을 수십억 씩 빼 돌려
흥청망청 미쳐 날 뛰고
높고 좋은 자리에 계신 분들은 줄줄이
비리에 연루되어 감옥으로 가는 세상
좋은 것 맛좋은 것
배터지게 먹고 돼지처럼 살찐 인생들이
땀을 뻘뻘 흘리면서 죽을힘을 다해
살을 못 빼 안달하는 세상을 살면서
이럴 때 우리도 뭔가 생각하며 살아야
할 것 같은 책임감에 자유로울 수가 없다
성철 큰 스님이 열반하실 때

검정 고무신 한 켤레
나무 지팡이 하나
누더기 법복 두 벌이 전부였는데
누가 그이를 가난하다
잘못 사셨다 할 수 있으며
선정하신 김수환 추기경님은
안구까지 기증하고 가셨다
누가 그이를 눈 없는 봉사라
놀려댈 수 있겠습니까?
너무 무겁지 않습니까?
내려놓고 홀가분하게 떠나세요

일자리

태초에 우리 인간은
자연이 베풀어 준대로 순응하며
살아왔다
여름이면 산나물이나 열매를 먹고
물고기도 잡고 겨울이면 길짐승
날짐승도 사냥을 막해
욕심 부리지 않고 먹을 만큼만 취했을 것이다
그러나 차츰 복이 늘고 무리가 많아지면서
두뇌를 쓰게 되고
부족끼리 전쟁도 해야 되고 이겨야
살아남기에 욕심내어 저장하는 방법도
터득해야 된다
이런 모든 것들이 인류문명이 발달하게
된 게 아닐까 싶다
바야흐로 우주 시대를 여는데
우리 생활이 얼마나 편하고 만족스러운가
아날로그 시대에서 디지털시대로
앞으로 가면 갈수록 모든 일은 기계에
맡기고 우리 인간은 손가락 하나
까닥 않고 살아갈 수 있는 게 아닐까
그런데 과연 날이 갈수록 좋은 세상만

오고 있는 것일까
자연 환경은 파괴되고 지구는 오염되고
해빙이네 지구 온난화네 떠들어 대며
방송에나 지상에나 하루도 조용한
날이 없을 것이다
기계가 과학 술이 인간의 모든 일을
맡아하게 된다면 사람은 모든
일자리를 빼앗기고 실업자로 내몰릴 건
아닐는지?
이 모두가 자업자득이리라
이곳 내가 사는 인근에 금호강변
자호천 둔치를 정비하여 공원을
조성하는데 들리는 말로는
일차 총공사비가 46억 원이라고 한다
우리면 인구가 약 3천명이 되는데
노동할 수 있는 인구가 얼마겠는가
농한기 유휴 노동력과 출향해서
실직하고 있는 노동력을 흡수해서
공사를 한다면
다소의 장비를 동원하고 해서 공사를
하더라도 지방의 유휴 노동력으로

46억이란 돈을 이 지방에 돌게 해 준다면
사람들이 모이고 식당업도 다른 장사들도
성행하면 몇 년 동안은 좀 벌어
먹고 살 태고 지역 경제도 나아지련만
그 큰 돈 되는 공사가 장비 몇 대와
관리 인력 몇이서 공사를 다 치루고
있었다 돌멩이 1개 시멘트 1포
옮기는데도 포그레인 장비로 다하고
사람은 쓸 곳이 별로 없다
IMF 구조조종 후에 우리네 가족들 중
얼마나 많은 사람이 노숙자가 되고
고통에 시달리고 있는가
이 엄청난 기계 문명이 결국은
우리네 일자리를 빼앗고 있는 건
아닐는지 대림산업이란
일개 기업이 기계 몇 대로 일 년 여
일해서 46억이란 우리네 지방에
나누어져야 할 돈이 몽땅 서울
한 기업으로 쓸려간다
옛날에 뒷골에 옹당못을 하나
막아도 떨구도 하고 망깨도

치며 앞집 숙이 아빠 뒷집 돌쇠
삼촌도 가서 밀가루 타오고
압맥 타와 보릿고개 넘겼는데
기계들의 굉음소리에 힘없고
가진 거 없이 노동이라도 해야 가족건사
하는 우리네 소시민의 아우성소리가
묻혀 저 높은 사람들의 귀를
막지나 않을까
심히 걱정스럽다

고희

세월이 저 만큼 떠밀어내는
서러움이
잔잔한 파도처럼 밀려왔다 밀려간다
등이나 긁자고 같이 살아가는 아내는 아니지만
그래도 한때는 아옹다옹 미운 정 고운 정
다들었는데
서러운 눈망울에 잔주름이 안쓰럽다
좀 더 고상하고 인자하게 보이고 싶고
사려 깊은 사람이 되고 싶어 안달해 보지만
제 버릇 개주랴 이것이 내 한계인 듯
허무하고 위선스럽고 부끄러운 생각이
내 마음 한 자락에 매달려 앙탈을
부린다 살아온 길 뒤돌아보면서
잘못 살았구나
이렇게 살려는 게 아니었는데 하면서도
그 옹졸하고 속물스런 소인배의
탈을 벗지못하니 어찌할 꼬
그 많은 성현님들의 글도 말씀도
읽고 들었고 선대 조상님들이
참 인간이 되는 길을 일러주었건만
나는 항상 처지를 핑계 삼았고

조건만 좋았으면 나도 위대할 수
있었으리라 변죽만 늘어놓았고
적어도 나는 바르게 살려고 최선을
다했다고 거짓말만 해왔다
신의 있는 냥 했지만 단 한 번도
힘들어하는 친구를 구해준 적 없고
용기 있는 척 했지만
불의를 꾸짖어 본 적이 있었던가
人生 칠십!
결코 짧은 세월이 아니다
그 많은 세월
물론 철이 없던 시절 잠들고 병든
세월이야 어쩔 수 없다 쳐도
이렇게 생각하는 것마저도
비굴 하다는 생각이든다
그 숱한 격변기에 충신, 영웅이 될
찬스도 없었겠느냐마는
그때마다 나는 숨죽이고 숨어 살지는
않았던가
이제 손주놈들이 할아비 부르며
옷자락에 매달리는데

그 해맑은 눈망울에 위로를 얻는다
너희는 할아비처럼 살지마라
더 높은 이상으로
더 큰 꿈으로

고향

하도 오랜만이라
옛 친구의 전화에 놀랐다
더욱이 댐 자락 둑이라니 더욱 놀라웠다
출세한 친구라 정신없이 뛰어 다닌다던데
낚시를 드리우고 앉아 잊고 살던 옛 친구에게
전화를 했으니 다소 당황스러울 수밖에
이 친구는 옛 고향집 언저리에서 낚시를 드리우고
소주 한 잔을 놓고 나를 부른 것이다
그의 나이가 올해로 60여세
반백이 아닌 온백이 다 된 나이로 30여년
만에 고향을 찾은 것이다
그러니까 30대 후반에 국토개발의
물결에 휩싸여 수십대로 내려오던
고향이 수몰되고만 이후 처음 전화를 했다
수문 개보수 관계로 댐에 물을 뺀 덕분에
옛 고향 모습이 드러나 옛 자취나 더듬고
싶어 일부러 왔단다.
짝사랑했던 형이네 뒤꼍 감나무도
앙상한 채로 그대로 서 있고
앞들의 논두렁 밭두렁도 옛 모습
그대로이고 과택으로 혼자 살 던

주실 댁과 홀아비로 살던
덕시 아제가 몰래 만났던
물레방앗간도 옛 모습 그대로 인양
옛이야기를 감아 안고 그대로 멈춰
서 있다
아-
세월이 무상하구나 그가 어릴 적
봄이 되면 앞 개울가 잔디밭에
알을 낳는 노고지리에 덫을 놓고
기다리고 여름이면 소고삐를
목이나 뿔에 감아 산속으로 소를 몰아
놓고 개울에서 물장구치던 추억
울긋불긋 흐드러진 가을 단풍하며
산토끼 몰이로 눈 덮인 산속에서
길을 잃었던 수많은 추억들
출세해서 판검사 되고 박사 되면
고향 어른 모시고 동네방네 크게 잔치
벌리고 덩실 춤추려던 고향
어머님 품속 같은 평화롭고 아늑한 고향
전화한 친구의 맏아들도
서울대학교 법학대학을 나와

검사가 되었지만
잔치 벌리고 덩실덩실 춤출 고향이 없으니
아쉽기만 하더란다
이웃 동네에 사는 한 친구는 아들이
의학 박사가 되어 읍내에서 예식장을
하나 빌려 잔치를 벌였는데
고향의 아배 어메 친구 분은 별로 없고
객지 친구들만 가득 하더란다
출세하면 모여 자랑도 하고
조상 산소에 참배도 드리고
울고 싶으면 두 다리 뻗고 펑퍼져 앉아
엉엉 소리 내어 실컷 울고
신나면 고향친구 만나 부둥켜안고
덩실덩실 춤추고 싶던
어머님 포근한 젖가슴 같던
고향이 없어져버린 상실감은
겪지 않고는 아무나 이해할 수 없을 것이다
프랑스 파리의 포퍼먼스 화가인
남농 선생의 고향이 대구란다
프랑스에서 출세한 세계적인 화가인 남농 선생은
센 강을 거닐며

낙동강을 생각했고
에펠탑을 바라보면서 대구의
앞산을 그렸다고 한다
파리에서 20년을 살면서도
슬플 때나 기쁠 때나 한 번도
고향을 잊은 적이 없단다
방송국 스튜디오에서 경상도 모심기
소리를 구성진 가락으로
가슴 뜨겁게 부르시던 모습을
잊을 수가 없다
살기 바쁘다고 잊고 사는 고향
오늘날 우리 현대인들은
고향을 얼마나 사랑하고 아끼고
있는가 새삼 묻고 싶다.

사람

거대하고 웅장한 하얀 상자 속 같은
병원
오늘도 희비쌍곡선이 한데 뒤엉켜
혼란스럽게 그리고 분주하게
돌아가고 있다
생생한 자기 두 발로 아침나절
건강하게 왔다가 저녁나절
새까맣게 타들어 가는가 하면
움푹 파인 두 눈엔 희망이라곤
없는 몰골로 야윈 목 새가슴
할딱거리며 이승과 저승을 번갈아
넘나들던 환자가 며칠이 안돼서
볼그레한 볼에 입가에 미소까지 띄고
갓 수술하고 온 환우를 부추겨 돌봐 주기도
하는가 하면
이 침대에선 환자를 영안실로
실고가고
저 침대에는 새로운 환자가 실려
오기도 하고 이 방에서는 곡성이
저 방에선 탄성이 들리는
종합 병원의 풍경들

수술용 침대가 입원용 침대가
또는 휠체어가 수많은 환자를
실어 나르고 병원 복도에서
엘리베이터에서 서로 부딪치며
쇳소리를 내며 오늘도 분주히
돌아가고 있다
사람의 수명은 얼마나 될까?
몇 살을 살고가면 天命을 다했다고
할까?
그러나 몇 살을 살다 가느냐 하는 것은
문제가 되지 않는다
병원에 있다 보면
아프지 않고 건강하게 몇 해를 살다
가느냐가 문제인 것 같다
수십 년을 살아도 식물인간으로 살고 있는
사람, 또 정신은 있으되
사지를 움직이지 못하고
평생을 남의 도움으로 살아갈 수밖에
없는 사람도 있으니
생명도 소중하지만 건강이 얼마나
소중한가하는 것을 새삼 느끼게 된다

건강 앞에서는 가진 사람이나
못 가진 사람이나 잘난 사람이나
못난 사람이나 모두가 같으니
살아있는 동안 건강한 몸으로
나보다 더 어려운 사람이나 힘들어
하는 사람을 돌아보며
함께 눈물을 흘려주고
닦아줄 수 있는
따뜻한 마음을 나누는
여유로운 마음을 가져야
하지 않겠나 하는 생각을
해 보게 된다
병원에서 투병 중이었던
때를 생각하면서
옷깃을 다 잡아본다

광야

멀리 새벽 종소리가
지나간 자국으로
젊은 햇살이 쏟아진다

광야는 춤을 추고
굵은 힘살이 튀어 오르고
온 누리가 기지개를 켠다

상처를 지우고 간 자리에
파란 새싹이 돋아난다
새 생명이 손을 흔들고
방실거리며 웃음 준다

두 팔 벌리고 푸른 가슴에
광야를 끌어안는다

시립도서관

영롱한 눈망울을 가진 새싹들을
한 아름 보듬어 안고
억조창생 웅지품고
이곳 길넷골 둔덕에
둥지를 틀었네

옛 화랑의 기상을 타고
세계를 향해 발돋움하는
골벌의 백의들아
서로 아끼고
    사랑하고
    신뢰하며
우리 고장을 위해 힘 모도우고
여기 이곳에서 날갯짓 시작하자

덕연수변공원

푸른 별빛을 온 몸에 받고
힘차게 내 달리는 보현산기슭
동해의 찬란한 태양을 안고
용트림하는 운주산 자락을

어머님의 젖가슴인양
포근히 감아 안은
영천댐 작은 호수가
굽이굽이 돌아 흘러
자호천을 이뤘네
그 한 자락에 싱그러운
작은 공원 하나가 둥지를 틀었구나

대대손손 면면이 이어온
충절의 고장 영천이었고
시인 묵객들이 줄줄이 태동한 고장
또한 옛 신라의 화랑들의 기상은
어떠했던고

그 장한 골벌의 백성들이여
세사에 찌들던 시름 다 벗어놓고

여기 가족 손잡고 푹 좀 쉬어가세나

편지

낮달이 구름을 베고
하품을 하는 오후

나는 네가 그리워
목이 타는 갈증을 느끼며
상념의 골짜기를 헤맨다

북창 만 리 먼저 간 너의
가련한 손가락
붉은 봉숭아 꽃물만 아리구나

네가 뿌려진 강 언덕
소풍 나온 무리들 절로 흥겨운데
강물은 아직도
푸르게 울고 있구나

네가 있는 그곳에도
비바람 불고
꽃피고 새우는 계절이 돋더냐
너 곁에 갈 날 얼마 아니다

정자나무 아래 자리 잡고
너랑 나랑 다시 만나
소주 한 잔 기울이며
회포나 풀어보자

너를 잃은 시간일랑은
그저 어둠인 양 잊어버리고
작년에 핀 민들레
올해도 다시 피었구나

떡

동짓달 추운 겨울
오늘은 우리 할머님이
영면에 들어가신 날이다

멀리서 큰 고모가
제물을 차려 오셨다
제상에 차려놓은
떡편대가
아직도 모락모락 김이 나고 있다

찬 서리 내리던 10월 어느 날
선대 조상님의 묘제에서
할머님 몫으로
봉송 하나 가져와 드렸다

아이 시켜
지붕 위 감홍시 내려와서
떡 찍어들고
옛날이야기 풀어놓는다

옛날 우리들

힘들게 살 때에…….
헛기침이 잦아드는데
앞에 앉은 내 아이는

할머님 입 한 번 쳐다보고
떡 한 번 쳐다보고
그러나 할머니는
허기졌던 옛날 생각하며
눈시울이 붉어진다
내 아이는
침만 꼴깍 삼키고 있다.

복숭아

미명의 아침
나는 컴퓨터 자판을 열심히 두드리며
너를 따라
먼 여행을 떠난다

나이가 내보다도
수백 배가 넘더구나.
무릉도원에서
결의 삼형제를 태동한 너는

연지 볼이 발그레
수줍은 소녀인 양
입맞춤하고 싶은 너

소쩍새 울음
애간장 녹이던 밤
나는 사랑하던 소녀와
이별의 가슴앓이를
너의 원두막에서 경험했고
나는 오늘
너를 생각하며

세월 저 너머 그리움에
눈시울을 가늘게
떨구나 있구나

새봄에
복사꽃 활짝 피면
우리 형제 남매
어머님 산소 앞에 모여
꽃잔치 벌렸으면
좋으련만

귀신은 너를 보면
기겁을 한다니
안타깝구나
어차피 너나 나나
세상을 다 안고
살기는 힘들겠으니

어쩌랴
그래도 할 수 있을 때까진
해 봐야지

進德修業
此身死了死了一百番更死了

3부
추억

구겨져 접힌

내 가슴 한 자락에

추억

구겨져 접힌
내 가슴 한 자락에
타다 남은 애정의 재가
소복이 쌓여 있다

철부지 불장난 같은
추억이라 생각했는데
왜 지우지 못해
애간장을 태우고 있을 고

자호천 강자락을 거닐면서
인생의 진리를
내 가슴속에 채곡 채워주던
너의 반짝이던
눈빛을 잊을 수가 없어
가슴앓이 하고 있구나

아—
그리운 님아
나는 지금도 너를 찾아
자호천 강기슭을 거닐고 있구나

허기

칠흑 같은 어두운 밤
내 골방 창살 앞
감나무 가지가
모질게 떨고 있는데
나는 벌써 허기져
시달리고 있구나

채워도채워도
채워지지 않는
내 욕망으로
눈앞이 허기로
깜깜해져 오는데

빌어먹을 여명은
어디서 자빠져
날 찾지 않는가

먹구름 아무리
하늘을 가린다 해도
아침 해는 솟구쳐 오른다

갈등

내 마음은 성인들이
드나드는 길목이었다

어제는 부처님이
다녀가셨고
그제는 공자맹자가
다녀가셨고
오늘은 예수님이
다녀가셨다

먼저 자리 잡고 앉은
허영과 탐욕이
똬리를 틀고 앉아
자리를 내주려 하지 않네

임 드나들던 길목은
닳아서 반질반질 윤이 나는데
어리석은 내 마음은
사악해져만 가고
논 밭둑에서
새를 쫓는 아이의 목은

터지는데
들녘에 새들은
날 적마다 살이 찌고

그 들엔 찬바람이 불고
설한에 모진 겨울이 오는데
아이는 이제 어디로 가야 하나
어리석은 인생
머무를 날 일이 없는데
눈 먼 목자는
아직도 제 갈 길을 찾지 못해
방황하고 있구나

헛기침

그 몸에
달을 찾아
온 하늘을 헤맨다

서쪽 한 켠에
또랑또랑한 별이 몇 개 보인다
허겁지겁 달려가 보지만
아니었다

떠나는 별 멀거니 바라다보며
죄 없는 돌부리만 걷어찼는데
이렇게도 네가 절실할 줄은…….
깜깜한 골방에
혼자 앉아
고왔던 너를 생각하며
헛기침만 해댄다

장독대

9월의 따가운 햇살아래
아침나절 나는 무료함을 달래면서
장독대 축대를 보수하기로 했다
지난여름 그리도 짓궂던 장마가
지나고 입추 말복이 지난 계절이라
아침저녁은 제법 쌀쌀한데
그래도 한나절은 햇살이 따갑다
허물어지는 곳은 허물고 다시 쌓고
모자라면 객돌을 주워오고
작업이 그리 만만한 게 아니다
아내가 새참이라고 삶아 놓고 간
감자를 집어 들고
지나간 세월을 회상하며
몹시 아쉬워한다
내가 지금 보수하고 있는 장독대는
반세기도 넘는 세월 저 넘어
우리 할아버님이 쌓은 것이다
풍상에 부대끼며
우리네 생활을 도우며
같이 한 세월이 어언
반세기가 넘는다

할아버님이 쌓은 축대를
아버님 대에는
아버지가 오늘 내처럼 다듬었고
내 시대에
내가 또 보수하고
내 아이의 시대엔
내 아이가 또 내 아이의 아이가
이렇게 우리 집 장독대를 지켜나갈 것이다
작업을 마무리하고 씻은 후
먼지 앉은 가족 앨범을
넘기며 지난날을 더듬어 간다.

성묘

어느 가을날
나는 산행을 시작했다
인근 야산에 묻혀계신 6촌 형의 산소를
찾아보려 화원에 들려
꽃 한 다발을 사들고
묻혀 계신지 수년이 넘은 산소를
지척에 두고 자주 찾아뵙지 못해
죄스럽다
붉게 노랗게 혹은 푸르게 물든
산자락을 오르며 지나간 세월
생시의 형을 생각하며
내가 얼마나 무심했던가 반성하며
마음속으로 형에게 미안한 마음을
전한다
우리는 경진년(1940)같은 해에 태어났다
형은 6월(음력) 하순
나는 8월 초순
한 달간의 차이로 태어났다
초등학교 6년
중학교 3년
합해서 9년을 같은 교실에서

공부를 했다 우린 요행이도 반배정
에도 언제나 같은 반이었다
형과 나는 실력이 비슷했다
어떤 때는 형이 몇 등을 앞서고
어떤 때는 내가 몇 등을 앞서기도 하고
우린 초등학교 시절 6년을 한 해도
우등상을 놓친 적은 없지만
둘 다 개근상은 타 본적이 없다
물론 4km 넘는 길에 강을 셋이나
건너야 했으므로 홍수가 지면
둘 다 꼼짝없이 결석을 해야 했다
초등학교 2학년 때인가 소풍을 가게
되었는데 종숙모님이 편찮으셔서
형이 도시락을 가져오지 못했다
그래 우린 한쪽으로 가서 내 도시락을
나누어 먹었는데
내 어머님이 멸치볶음에 정성껏
싸주신 도시락을 나눠 먹자니 양이
좀 부족해서 섭섭했는데
그럴 줄 알았으면 형 도시락도 내가
하나 더 싸올 걸 그랬구나 생각하는데

도시락을 먹고 나서 형이 밥이 적었지
하기에 우린 마주보며 피식 웃었다
둘 다 군대도 마치고 결혼도 하고
아이도 낳고 서로 이웃하며 과수원을 경영
하면서 오순도순 살았고
형이 딸만 내리 넷을 낳다가
다섯 번째 아들을 낳아 내가 민우라고
이름을 지어주기도 했다
형은 이른 아침이면 민우를 안고 우리 집 과수원에
둘러 무슨 병이 있는 것 같으니 언제쯤
무슨 약을 살포하라고 처방해주기도 하고
아침을 같이 먹는 일도 많았다.
형의 영농기술이 언제나 나보다는
한수 위였다
요즘 생각하면 우습지만
하루는 형 집에 들렀더니
그 귀한 선풍기를 하나 사서 달아 놓고
식사를 하고 있었다 가족들이 모두
모여 둘러앉아서 말이다
그리고는 이 사람아 선풍기를 틀어 놓으니
이렇게 시원할 수가 없네 하시며

나를 억지로 읍내 선풍기 가게로
끌고 가신 기억이 새롭다
우린 그렇게 육촌 형제들끼리도 옹기종기
모여 사는 게 기쁨이었다
그렇게 세월은 쉼 없이 흘러가고
우리 나이가 마흔 다섯이 되던 해
나는 영천 시내에 조그마한 건어물 가게를
형의 권유로 하게 되어 떨어져 살게 되었는데
그해 음력 7월에 문중 벌초가 있어서
형도 고향에 들러 같이 만났다
그때는 형도 대구 효목동에 작은 슈퍼를 하게 되어
우린 자주 만나질 못한 터다
벌초를 마치고 우리 둘은 동네 구멍가게에서
소주를 나눠 마셨는데
형이 구토를 하고 술을 이기지 못해 힘들어
했다 그런 일이 있은 후 대구로 돌아가서도
시름시름을 앓았고 병원 진단 결과가
간경화라는 결과였다
그 시절 의료기술로는 완치가 불가능했고
일 년도 채 못 되어 형은 세상을 떠나셨다
입원해서 투병생활을 하시던 때에

문병을 갔는데 이 사람아 부디 아이들 잘 가르쳐서
높은 놈 만들어라 우리도 행세하는 사람 있었으면
나도 미국이라도 가서 이 병을 고칠 수
있을 텐데 내 재산 다 털어서라도 고쳐만
준다면 다 주고 건강을 찾아서 또 다시 벌면
잘 살 자신이 있는데 하면서 내 손을 맞잡고
눈시울을 적시던 일이 오래오래 마음에 걸려 괴롭다
그 즈음 미국 존슨 대통령이 방한하고
가는 길에 난치병을 앓고 있는 어린이
둘을 데리고 가는 모습이 텔레비전에
방영되는 것을 보셨던 것 같았다
가신지 어언 25년
내 어린 조카 민우도 군대를 제대해서
대학을 마치고 어엿한 청년이 되었고
질녀들도 시집을 갔다
형님!
저 믿고 편안히 가시라고 손 꼭 잡고
달래놓고 나는 형님을 위해 무엇을 했던가
형님
죄송합니다. 저도 갈 준비하고 있습니다.
아무리 형을 사랑하는

구구만리 계신 형이 어찌 아시리요
형님 산소 앞에서 못 지킨 약속을
다시 돌아보며 자주 들리리라
다짐하고 사랑하는 형님의
산소를 떠나왔다
사람은 가고 없어도 정은 남아
아쉽고 그리운 하루였다

밀양사지와 어머니

이 세상 어떤 누가
어머님이 소중하지 않고 그립지 않은
사람이 있으리오 마는
내 손주놈이 새 교복을 입고 새 학년이 되서
제잘 거리며 등교하는 모습에
어머님 생각이 울컥 치밀어
목이 메인다
어머님!
혼자 조용히 불러만 봐도
가슴이 짠하고 애잔해 온다
그러니까 그게 언제인가
내가 중학 1학년 때이니까
반세기가 훨씬 넘은 시절
이야기로 간다
내가 다니던 중학교는 신축공사가
채 마무리도 되기 전에
입실시켜 공부를 했다
6.25동란이 일어나 여기에도
서울 저 윗지방 사람들이 피난 와서
교실이 모자라 영 말이 아니던
시절이다

그래서 학교에서는 가假교실을 짓고
하느라 전교 조회 후에 강변에
가서 돌멩이와 자재될만한 것을
날라오게 했다
어느 여름 아침 그날도
아침 사역을 하는 중이였다
나의 어머님은 마침 영천장날이라
장에 오시다가 그 광경을 보시고
당신의 아들도 있나 싶어
살펴보시던 중에
친구들이랑 재잘거리며 돌멩이
나르는 모습을 보게 된 것이다
그때 나는 영천읍내 도동에 있는
고모님 집에서 하숙 생활을 하고
있었기에 1,2주에 한 번씩
다녀오곤 했다
그러기에 반가워서 바라보는데
내 행색이 말이 아니였다.
그 시절 우리나라는 전쟁 후라
모든 산업이 발달하지 못해
교복지 같은 것이 매우 귀했다

밀양사지라고
있는 집 아이들은 양복지로 대개
교복을 지어 입었는데
우리 집은 그럴 형편이 못돼서
무명 배에 검정물감을 들여서
교복을 만들어 입을 형편이었다
하복을 입기 전 초여름이라
교복이 색이 바래서 어깨부분이
누렇게 보기가 흉했던 모양이었다
어머님은 가슴이 아팠다
다른 아이들은 매끈한 밀양사지를 입고
방실거리는데 당신의 아들은 누렇게 색 바랜 교복을
입고 있는 때 차마
뛰어가 손을 덥석 잡을 용기가
나지를 않으셨단다
그러나 어머님으로써는 불가항력이다
어머님으로써는 경제력이 없으셨기에
어찌할 방법이 없으셨던 것이다
모든 경제 실권은 우리 할아버님이
가지고 계시기 때문에 그 시절에
며느리가 감히 시아버님에게

돈 문제를 꺼낸다는 자체가
용납되지 않을 때다
고심 고심한 끝에
한 가지 방법을 찾은 것이다
뒷집 숙이네 어머님이 산나물 캐러
다니는데 부탁을 해서 따라나섰고
캐 온 산나물 도라지 더덕 등을
숙이네 엄마에게 부탁해서
팔아 달라고 의뢰를 했던 것이다
그렇게 푼푼이 모아 그 이듬해
내 교복을 장만하게 된 것인데
그때 어머니로서는 나물 팔러 시장에
나 다니고 할 수 있는 처지가 아니었다
그래도 지체 있는 가문의 며느리가 택도 없는
일이었단다
그해 겨울 동복 착용 시기가 왔다
장롱 속에 꼬깃꼬깃 모아둔 쌈짓돈
이 돈은 아무도 모른다
내 아버님도 내 누님도 모른다
얼마나 조물짝거렸는지
돈 모퉁이가 닳을 정도였다

아버님을 시켜 읍내에서 교복을
사 입히게 하고 다음 주일에 내가
오길 기다리시며 밤잠을 설치셨단다
어머님
내 어머님
이제 이 세상에 안 계신다
우리 8남매 키우시며
봉제사 접빈객 그 많은 골몰을 혼자
감당해 내시며 모지랑 손톱까지도
다주고 빈 몸 빈손으로 떠나시던 날
응급실에서 중환자실로 그러나
끝내 회복 못하시고 의식이 없으신 채
한마디 말도 하지 못한 채
이승의 끈을 놓으셨다
뇌출혈로 팔순이 넘었다고 수술을
못한다는 걸 남매가 상의해서
원이라도 덜어드리려고
수술했건만 두 달여 동안 중환자
실에서 끝내 의식을 못 찾고
떠나셨다
영안실에서 수의를 갈아입으시는

모습을 보며 어릴 적 내 밀양사지
생각에 도저히 지켜 볼 수가 없어
헛기침을 하며 화장실로 피했다
한평생 자식위해 하고 싶은 일
먹고 싶은 것 못하시고
젊음도 건강도 다주고 가신
어머니
우린 그분을 위해
뭘 해드렸던가
나도 자식 키우고 손자 놈 재롱 받고 있지만
어머님의 반만도
안 되는 인생이다
땅을 치며 통곡한들
무슨 소용이 있으리오
살아계실 때 잘 좀 모실 걸
고희를 앞둔 이 불효자는
자꾸만 목이 메입니다
어머님 편안히 쉬옵소서

문화의 고장 고령

어미의 젖줄인양
낙동강 자락이 포근히 감아 안은
문화의 고장 고령 앞에
옷깃을 여미며 조용히
다가앉는다
옛 가야의 찬란한 문화가
변변히 이어온
선비 고장 고령
내가 사는 곳에서는 떨어진 고장이라
자주 접할 기회는 없지만
충장공 이대전(이보험) 선생(나의 15대조)
후손들이 단종 사화에 쫓겨
경남 거창 곰실 골짜기에 숨어살다가
그곳에 둥지를 틀고 살고 있기에
몇 년에 한번씩은
참석코자 고령을 거쳐 가면서
참으로 살기 좋은 고을
옛 가야 문화가 거저 이루어진 게
아니구나라는
생각을 해보곤 했다
또한

내가 존경하는 전 고령문협
여영(여상범) 선생님
김인구 선생님의 배려로
고령문협 출판회겸
축제에 두어 번 참석한 일이 있는데
옛 가야 문화권의 이웃지역과
문화교류나 정보교류 등
긴밀한 결속으로 다져가는 모습에
인맥관계가 넓지 못한 나로서는
부러웠고 본받을 일이었다
나와 친한 지인 한 사람이
농산물을 취급 하는 분야에 종사하는데
상인 딸기의 자랑이 대단하다
자기 처가 식구와 함께 자랑하느라
입에 거품을 무는 모습이
그렇게 적극적일 수가 없다
인심 좋고 땅이 기름져
살기 좋은 곳에 인물이 나는 것 또한
당연한 일이리라
더욱이 우리 영천과는
양 문협에서 서로 친하게 교류하여

정과 마음을 나누는 사이라
내 마음도 자주 더듬어 찾아가는
고장이기도 하다
건강한 고령의 앞날에
내가 존경하는 지인 선생님들과
함께 무궁한 발전 있으시길
조용히 빌어보면서
사랑하는 내 외사촌 매부
박성철 님의 안부도 같이
궁금하다.

외갓길
–외가로 가는 길

세 살짜리 젖먹이를 들쳐 업고
처낭메기(서낭당) 넘어가며
희일아(나의 어릴 때 아명)
오늘이 며칠 이제
삼월 열여드레
친정아버님 제사에 가시면서
어린 아들에게
외할배 제삿날 가슴에 각인시키려고
다시 묻고 또 묻고 하시던
어머님 덕분에
고희가 되서 당신 곁으로 갈 나이에도
외할아버님 제삿날은 기억하고 있다
음력으로 3월 18일
그 시절 보릿고개 넘기려 산나물 캐서
나물죽 끓여 연명해 가던 3월에
찢어지게 가난했던 우리 외가에
제삿날이 다가 온 것이다
제삿밥을 지을
재미가 없이
제삿날이 되면
시집간 딸 쌀 됫박 기다리며

한숨 쉬던 우리 외할머니
시어른들 눈치 살피며
쑥떡 몇 오리 찌고
쌀 두어 됫박 보자기에 싸고
가슴에 꺾아
몰래 감춰는 곶감 한 줄
보채는 자식 몰래 감춰놓고
몇 번이나 확인해 보며
간수한 곶감
삼베 보자기에 싸들고
아들 들쳐 업고
친정길 떠나던 날
어린 나는 세상모르고
엄마 등에 업혀
호사하고 있었다
처남네(서낭당) 넘어가실 제
춤 세 번 받고가자
그래야 액운을 떨치고
서낭당님이 복을 주신다던 어머니!
구름도 산새도 힘이 겨워
쉬어간다던 고갯마루에서

이마에 땀을 훔치시며
저 아래 내려도 보이는 외가 동네를
바라보며 아들의 고사리 손을 꼭 쥐고
희일아 저 집에 너의 외할머니가
우리를 기다리고 계신단다
하시며 눈시울을 적시던 우리 어머니
이제 우리 외가도
먹고 살만하답니다
외할아버님 제사상에도
하얀 쌀밥에 모락모락 김도 난답니다
어머님－

덕유산 자락에서

덕유산 자락을
아지랑이 아롱거리는
이른 봄날에
청춘을 돌려다오
젊음을 다오
고희를 짊어지고 덕유산
등반길을 오르며
숨 가빠서 헐떡이는 친구들의
애절한 절규가 산 메아리치며
앙가슴을 헤집는다
오늘은 경진생(1940년) 용띠들이
고희를 맞아 동갑부부가
산행을 하는 날이다
70년 세월 살아온 자국
한도 많고 아쉬움도 많다마는
자식 위해
가정 위해
자기 힘대로 최선을 다했을 인생
이젠 젊음도
패기도 구름인양 사라지고
매미 허물 같은

텅 빈 가슴
싸늘한 산바람이 스쳐간다
이제 건강도 생각하고
잊고 살던 지인도 찾아
정 관리도 좀하고
남은 인생 보람 있게
살고픈데
이미 다 일그러진 구멍 뚫린
밥솥 같구나
젊음을 가지고 있었을 때
배고프고 허기진 사람 불러
하얀 쌀밥 퍼주고
눈물 닦아주는 도량도
있었을 법한데
내 앞 건사한답시고
외면하고 살지나 않았는지
부끄러운 과거사
책장 넘기며
빈 허공만 쳐다본다

과욕

내가 좋아하는 지인의 시집을 읽다가
재미있는 구절을 보았다
물고기는 집이 없고
새는 모이를 모아두지 않는다
물고기는 집이 없어도
대해를 활영하며
행복하게 살고 있고
새는 모이를 모아두지 않아도
배불리 먹으며 하늘을 활비하며
없다고 못 가졌다고
탄식하는 법이 없다
인근지역 경주에
최부자가 살고 있다
수 대 진사 수수 대 만석꾼으로
살면서도 지방인들에게
인심을 잃지 않아 민란 때
모든 부자나 악덕인을 죽이고
불태우고 했는데
이웃 주민이 경비서고 해서
오히려 그들이 지켜 주었다고
한다

가훈에
100리 안에 굶어죽는 사람이
없게 하고
만석은 채우지 마라고 했다
오늘을 사는 우리에게
정신적 지주가 되지 않을까
요즘 보도를 보면
전직 대통령이
아내며 자식, 사위, 형제까지
줄줄이 부정에 연루되어
대 도둑질하고
검찰에 불려가
밤샘 조사를 받고 구속되고
전직 대통령까지
불려가 조사를 받고
견디지 못해 끝내
범바위에서 뛰어내려
자살했다
준비가 좀 덜돼서
행동이 경솔하고
말이 많아서라고

본인이 퇴임 후 후회하는
일은 있어도
우리는 그가 정직하고
서민의 편에 서서 권위주의를
타파한 공으로
반성공을 했다고 봐야 한다는
사람도 숱하게 있었는데
도둑놈의 고수가 된 꼴이니
어찌 견딜 수 있었겠는가
전직 대통령을 봐라
민주화의 화신이고
민족 민중의 신격이던
그들의 아이들이 줄줄이
감옥 가고
내 수중에는 29만 원뿐이라고
코미디를 연출한 전직 이 나라의 대통령을
퇴임 후에 평생 잘 먹고 잘 살 수
있게 해 주고 거기다
비서진 경비부대까지 동원해
배려해 주는데
무슨 욕심이 남아

그 지경이 됐는지
배신감마저 든다
지게 짐 지고
무슨 장사를 해서 돈 번일 없는
그들이 퇴임 후에 모두가
준 재벌로 살아간다
돈을 어떻게 그렇게
모았을까
어쨌든 재주 좋은 분들이다
그 재주로
나라와 국민을 위해 노력했더라면
IMF나 외환위기는 안 겪었을 테고
노숙자
지하철의 뒹군 소주병은 없었으련만…….

광부아리랑

우리 아리랑은
우리 민족 정서와 일치해서
애환과 함께 사랑받고 있다
우리에겐 많은 아리랑이 있다
밀양, 정선, 영천
지방마다의
정서와 애환에 맞는 아리랑이
구전으로 혹은 글로 남아 있어
즐겁게 부르곤 한다
소주 한 잔하고 얼큰히 취해
어깨동무하고 부르는 모습은
가슴을 뭉클하게 한다
그런데
광부 아리랑이란 얘길 들어본 적
있나요
사북 탄광의 광부들의 애끓는
사연 담아
그들의 아내나 엄마들이 불렀단다
내가 지금 아리랑 얘기를
하자는 게 아니다
1970년대

이 나라 경제의 초석이 되었던
석탄산업
여기에 광부들의 눈물겨운
사연이 심심찮게
우리의 심금을 울리곤 했다.
80년 어느 땐가
사북 탄광 사고로 갇혀있던
광부가 사흘 만에 구제된다
말라빠진 갱목 껍질을 벗겨
동료를 먹이며
꼭 살아서 가야한다고
용기를 심어주며 삶의 의지를
포기하지 않게 독려하며
나흘을 기다려 구제된 그들 광부
사고 후에도
가족을 위해 먹고살기 위해
다시 지하 갱속으로 돌아간 그가
끝내 진폐증에 걸려 입원해서
치료중인데
자식만은 광부를 안 시키려고
내 하나만으로

가난도 고생도 마감해 보려고
당신을 희생해온 광부는
소원대로
그의 아들은 초등학교 교사가 되었다
선생님은 부모님의 소망에
보답코자 광부 환자들이 입원한
병실을 찾아다니며
마술도 배우고 온갖 재주를 부리며
재롱을 부린다고 한다
요즘 일자리가 없다며
소주병 끌어안고 지하철로
지하도로 뒹군 실업자들
힘들고 어려운 소위 3D업종은
전부 외국인에게 맞기고
일자리 타령하는 많은 젊은이들
그때 광부님들 생각하면
왜 일자리 타령인가?
가족을 위해 그들은 일부러
위험하고 힘든 일을 택해
자기를 불살라 가족과 나라를
구한 산업역군이다

우리가 밥순갈 걱정하지 않고
살만한 게 불과 얼마나 됐는데
안타깝다
지난날 광부님들
그들의 완쾌를 빌면서
조용히 옷깃을 여민다

민주화

물고기가 황새주둥이를 물고
물속으로 사라졌다
황새는 질식해서 죽고
물고기는 파이팅을 외치고
동료들의 영웅이 되었다
개구리가 독사대가리를 물고
천길 낭떠러지에서 뛰어 내렸다
개구리는 낙법을 해서 살았고
독사는 피터지고 만신창이가 되서
죽었다
얘기가 그럴법하지 않은가?
경찰이 사회질서를 유지하려고
비가 오나 눈이 오나 죽을힘으로 버티는데
화염병이 날아와서 경찰 옷에
불이 붙어 3도 화상을 입고
응급차에 실려 가고
돌멩이가 날아와 맞고
병원에 실려가 죽은 우리의 경찰들
그대로 민주라면 다 통한다
발악하며 미쳐 날뛰다가
조그만 시위대가 닥치면

과잉진압이네
공권력이 어쩌고 하면서
난리를 치니
이것은 민중을 우롱하는 처사다
그래서 정권마저 줬더니
부정부패에 연루되어
자살을 하고
여차하면 유모차에 애기 싣고
촛불 들고 정부 물러가라고
아우성인 그 대통령 누가 뽑았는지
벌써 잊으셨나
민주화 바람타고 집권해서는
북에다 비료, 쌀도 주고
심지어는 소 싣고 간 차까지 주고
쌀 내려주다 저희 눈에 거슬리고
잡아 가두고 보내지 않고
시비 걸어오는 자들에게
한림원에서 상 하나 받았는데
그동안 우리 새끼들은 어떻게 됐는가
IMF 금 모으고 허리띠 졸라매고
설쳐대도 구조조정 직장 잃고

목메 죽고 지하철 시멘트 바닥에서
신문짝 배 덮고 자식새끼 살고
있는 집에도 못가고 울고 하는데
이북 사람들 그 돈 받아 뭐했노
핵무기 만드는 것 아니였나?
공식 석상에서
서울을 불바다 만들겠다
대표로 나온 분 보고
당신도 예외는 못 된다고
공갈 협박하는 그들에게
잘 퍼줬다고
평화상 줬는데
미사일에 핵폭탄 공포에
떨고 있는 우리 내 백성은
어쩌란 말인가
이제 뉘우칠 줄 알아야 할 텐데
아직도 뒷전에 모여앉아
이북에 안 퍼준다고 궁시렁대는
꼴이라니
답답해서 글을 더는 못쓰겠다

4부

포장마차

가을되면 각 지방마다 축제가 러시를 이룬다
한약축제 별빛축제 별의 별 축제가 많다

進德脩業

포장마차

가을되면 각 지방마다 축제가 러시를 이룬다
한약축제 별빛축제 별의 별 축제가 많다
선거 때가 되면 더 그렇다
지방 특산물을 홍보하고 격려도 하고 단합도 하고
좋은 뜻으로 시작했는데
개장하면서부터 내빈 소개한다면서
순전히 지방향리를 자랑 선전으로
많은 시간을 허비하면 정작으로 본 행사는 보조
역할에 지나지 않는다
연세 높으신 어른들 아기 손잡고 온 새댁들이
눈살을 찌푸릴 수밖에 없다
시장은 시의장 자랑 시의장은 시장 자랑
주거니 받거니 정말 속보이는 처사들이다
행사장을 둘러보면 웬 부스는 그렇게 많은 지
실속은 없고 농산물과일부스에 가면
공판장보다 비싸니 이게 말이 되겠는가
홍보하고 할인도 해 주면서 널리 알리려고
해 놓고 눈앞에 이익에는 눈멀어
이런 식이니 딱하다
풍물도 즐기고 향토 먹을거리도 맛보고
각설이패 장단에 춤도 추고 …….

쪼멘한 시골도시에 행사비 수천만 원
들여서 연예인 몇 부르는데
예산의 태반을 허비한단다
어떤 가수는 천오백 만원이 넘는단다
행사는 이들 돈벌이 수단에 장난질을 하는 꼴이다
약 10분쯤 노래 부르고 부랴부랴 다른 축제로
내달린단다 여기도 문제가 많다
각설이패 풍물패 있고 그 옆에는
국화빵도 굽고 어묵도 끓이고 군고구마도
팔고 뽑기도 해보고 그렇게 향수에
추억에 젖어본다
할아버지는 손주의 고사리 손잡고 국화빵 사서
호호불면서 옛날의 정서를 권하고 있고
할머니는 솜사탕을 사들고 손녀 손잡고
지난날을 회상하는 그림은 정녕 축제의 본질
일 것이다 그런데 행사 진행자들은 이들을 몰아
내고 근접을 불허하며 밀치고 하는 꼴이
보기 흉하다 나는 식견은 좁지만
멀리는 몰라도 동남아 지역에 가보면
행사나 축제 때마다 거리의 노점상들이
조화를 이루고 행사의 한 구석으로

관리해 오고 있던데 우리는 힘 있는 식당이나
음식점은 버젓이 좋은 몫을 차지하고
바가지까지 끼어가며 장사하는데
힘없고 약한 리어카 행상은 행사장 근처에도 못 오게
하는 것은 시민축제가 아니고 힘 있는 자의 선전장은
아닌가 걱정스럽다
축제란 있는 자의 배려로 없는 자를 위로하고
힘 모아 하루를 즐겁게 해 주는 장이 돼야 할 텐데
힘없고 불쌍한 거리 행상은 먼발치에 쫓겨나
그나마 몇 푼 벌어 고등어 한 손 사들고 오늘 저녁은
애기들 배불리 먹이고 싶었는데 행사 무대 위의
서울 가수들의 노랫소리에 내 꿈은 묻혀가는구나

만대로 시장

내가 젊은 시절
잠시 청과물 수출시장에 근무한 적이 있었다
우리나라 사과를 대만에 수출하는 게 주 업무다
우리 회사가 단독으로 업무를 집행하기엔
벅차고 전문성이 필요한 업무라
경북능금조합과 합작으로 업무를 추진해 왔다
그때 능금조합엔 내 친한 친구가 전무로
제직중이라 타협은 원만하게 이루어졌고
정 전무님은 업무나 대인관계나 모든 일에
똑 떨어지는 확실한 분이라 많은 힘이 되었다
각 농가에 작업 지도를 하고 물량을 확보하고
대만의 바이어들과 같이 다니며
품질에 대한 설명회도 갖고 해서
9월이며 우린 현장을 뛰고 수확부터 지도하고
포장관리 등 제반 문제를 숙지시킨 다음
수출을 시작해서 이듬해 3월이면 직원들을
데리고 대만 현지 시장 조사 차 나가서
우리 사과의 대만 시장에서의 위치나
선호도, 상인들의 인지도 등을 조사해서
보고하곤 했었다
대만의 만대로 시장엔

아열대성 과일이 거의 전부다
바나나, 파인애플 등
아삭거리는 과일류는 우리 사과와 일본 사과
뿐이라고 해도 과언이 아니니
선호도는 말할 것도 없고 미국산 사과가 많이
들어오기는 해도 거긴 스타크림손 계통이라
육질이 아삭거리지 않고 쫄깃쫄깃해서
참외 씹는 기분이라 우리와는 비교도 안 되고
값도 견줄 바가 못 된다
일본 사과에 비교하면 우리도 할 말이 없다
우리사과는 10kg 한 박스로 되어 있는데
거래 금액이 23달러이다
그때 환율이 700대 1이다
일본 사과는 5kg 한 박스로 되어 있는데
25달러라니 기가 찰 노릇이다
왜 이러냐고 상인들에게 물어 봤다
장사꾼은 씽긋 웃더니 설명해 주었다
사과 품질은 한국 사과가 나을지도 모른다고 했다
다만 착색과정이 좀 다르단다
일본 사과는 전체 면이 새빨갛다
빨간 페인트 통에 꼭지를 쥐고 담갔다가

건진 것 같고 우리 사과는 한편은 빨갛고
한편은 발그레하며 빨간 줄이 죽죽 그려져 있어
우리가 보기엔 우리 사과가 훨씬 품위가 있어 보이고
먹음직스러운데 우리와 대만 사람은
취향이 다르다 그들은 무조건 빨게야 된다
중국집 휘장도 빨갛고 오성기도 대만기도
모두가 빨갛다 일본사람은 그걸 간파했고
포장지 내에 완충물 내용도 우리는 네트
즉 그물망을 씌워 포장을 했는데 비해
일본 사람들은 반짝이 금종이를
잘게 썰어 채워놓았으니
뚜껑을 열었을 때 우리 사과는 하얀 그물망이
보이고 일본 사과는 빨간 사과가 금종이
안에서 반짝거리며 눈에 들어온다
당신은 어느 것을 사겠느냐고 도로 반문을 해서
얼굴이 뜨거웠다
그리고 겉포장을 보면 일본 것은 빨갛게
산뜻하게 코팅을 해서 반들반들 윤이 나는데
우리 포장은 운동화 발자국이 포장에 선명하게 찍혀
있었다. 어이가 없었다.
컨테이너에 적재할 때 잘못하면 목표량을 싣지 못해

짐을 다시 풀어서 실어야 할 정도로 철저히
계산해서 싣지 않으면 안 된다
일꾼들이 싣다가 자리가 안 맞아 운동화발로
차 넣게 되고 밀어서 억지로 맞춰야 했으니
젖은 날 운동화 자국이 대만까지 선명하게
간 것이다. 그러니 상인들에게 신뢰를 줄 수
있겠는가 수출품은 우리의 얼굴이다
조금만 조심해도 이런 누는 범치 않아도 됐을 것을
89년 인가 중국과 국교를 맺고 통상를 하게 되니
대만 정부가 우리를 배신자로 믿을 친구 못된다고
단교하는 통에 우리 수출도 그로 마감됐고
국제간의 신의도 의리도 힘 앞에는 어쩔 수 없구나
입안이 씁쓸했다.

핑계

이른 풋 봄에
파란 잔디밭에
팔베개 베고
나란히 누웠다

지하 저 아래
암반수처럼
퐁퐁 사랑에 샘물이 솟는다.

파란 하늘엔
솜털구름이
양떼인양 평화롭고
목자는 양떼를 몰고
오아시스를 꿈꾸네

세월이 역류하여
설한 흑풍 찬바람 몰아칠 때
마주 잡은 우리 손의 체온이
사늘하게 식어가던 날
우린 서로 떠날 핑계를
찾고 있구나

아—
애달픈 사랑아—

봄비

추억담 저 넘어
까맣게 잊고 있는
옛 사람의
아련한 사연들과
얘기 좀 해 보자고
창가에서 봄비가 추군 댄다

이제 뭘 어쩌자고
애써 고개 돌려 외면하는데
수십 개 성상
차곡차곡 먼지 앉은 사연이
고개를 쳐들려 한다
아–
봄비가 얄밉구나.

희망

오늘은 동쪽으로 가면
길인을 만나려나.
서쪽으로 가면
횡재수가 생기려나.

먼지 앉은 고물차에
기름을 붓고 시동을 걸어본다
어디로 가야 하나
갈 길을 정하지 못해
다시 시동을 끈다

양동

고색이 창연한
와가가 자욱한 고장
우재 회재 양재의
넋이 서린 곳
조선조 선비의 혼이
곱게 익어가는 마을
양동
온 우리의 헤픈
눈웃음을 꾸짖는 듯
옷깃을 여미게 하네

아홉 골짝 자락마다
옛 양반의 기품이 어린 곳
아–
님은 가고 없지만
뒷산 자락 앞 강물은
옛 생각 아련하네—

여행

찻잔 속에 들어가
하늘을 마신다
하늘을 따서 주머니에 넣고
여행을 떠난다
손에는 촛불을 들고
가슴엔 우주를 품고

햇살

호젓한 산기슭
외딴 둥지에
따사로운 햇살이
쓰다듬고 간다

빌딩숲 자락에도
대합실 유리창에도
따사로운 햇살이
쓰다듬고 간다

가슴앓이 하는
소녀의 가슴에도
생선 가게 아주머니
앞치마 자락에도
따사로운 햇살이
쓰다듬고 간다

벤치

나는 수변공원 강기슭에
길게 누워 사는 벤치다
간밤엔 별들이 몰려와
재잘거리는 바람에
잠을 설쳤다

따사로운 햇살이
물위에 쏟아지는 아침
잉어 떼들이 몰려와
사랑을 속삭이며
산책하느라
눈을 뗄 수가 없다

한낮이 됐다
이제 좀 조용해 졌다
한 잠 자야겠다
길게 하품을 한다

하늘 동녘에
초승달이 걸렸다
누군가 둘이서

손잡고 와서 앉는다
달빛에 비친 눈빛이
너무 아름답다

그들은 아무 말 없이
서로 보듬어 안고
눈을 감는다
나는 들을 수 있었다
행복에 못 견뎌하는
그들의 사랑 얘기를
천년만년 살자고
손가락 걸면서–